Dipl.-Kfm. Dipl.-Hdl. Manfred Deitermann, Dipl.-Kfm. Dipl.-Hdl. Dr. Siegfried Schmolke, Dipl.-Hdl. Wolf-Dieter Rückwart,
Diplom-Ökonomin Prof. Dr. Susanne Stobbe, Studiendirektor Björn Flader

Industrielles Rechnungswesen IKR

Arbeitsheft

45. Auflage

Bestellnummer 6850

Dieses Arbeitsheft enthält Konten und Arbeitsvorlagen für folgende Übungsaufgaben des Lehrbuches:

4–7, 10–20, 21–24, 26, 27, 32, 33, 40, 41, 44, 48–51, 55, 56, 63, 78, 79, 86, 90, 91,95, 96, 98, 99, 101, 104, 111, 156, 157, 162, 171, 215–217, 254, 262, 290, 325, 348, 358, 395, 397, 410, 415, 445–447, 449, 450, 464–466, 470–472, 475, 476, 479, 481–483, 492, 495, 497–502, 585–587

Druck: westermann druck GmbH, Braunschweig

service@winklers.de
www.winklers.de

Bildungshaus Schulbuchverlage Westermann Schroedel Diesterweg Schöningh Winklers GmbH, Postfach 33 20, 38023 Braunschweig

ISBN 978-3-8045-**6850**-1

westermann GRUPPE

4

Inventar U. Brandt e. K., Wuppertal, am 31. Dezember 01

Inventar U. Brandt e. K., Wuppertal, am 31. Dezember 02

Inventar W. Pätzold e. K., Köln, am 31. Dezember 01

Inventar W. Pätzold e. K., Köln, am 31. Dezember 02

10/11/12/13

Erfolgsermittlung	10	11 a	11 b	12	13
Eigenkapital am 31. Dez.					
– Eigenkapital am 1. Jan.					
= Kapitalzunahme (-abnahme)					
+ Privatentnahmen					
– Neueinlagen					
= **Gewinn bzw. Verlust**					

14

Bilanz zum 31. Dezember ..
Aktiva   **Rolf Röhrig e. Kfm., Frankfurt (Main)**   Passiva

15

Bilanz zum 31. Dezember ..
Aktiva   **Rolf Röhrig e. Kfm., Frankfurt (Main)**   Passiva

16

Aktiva

Bilanz zum 31. Dezember ..
Gerd Badicke e. Kfm., Leverkusen

Passiva

17

Aktiva

Bilanz zum 31. Dezember ..
Gerd Badicke e. Kfm., Leverkusen

Passiva

8

18 (Aufgabe 4)

Bilanz zum 31. Dezember 01
U. Brandt e. K., Wuppertal

Aktiva   Passiva

18 (Aufgabe 5)

Bilanz zum 31. Dezember 02
U. Brandt e. K., Wuppertal

Aktiva   Passiva

19 (Aufgabe 6)

Bilanz zum 31. Dezember 01
W. Pätzold e. K., Köln

Aktiva   Passiva

19 (Aufgabe 7)

Bilanz zum 31. Dezember 02
W. Pätzold e. K., Köln

Aktiva   Passiva

20 (Bilanzstruktur zu 14)

Aktiva | | | | | Passiva

Vermögensstruktur		%	Kapitalstruktur		%
Anlagevermögen			Eigenkapital		
Umlaufvermögen			Fremdkapital		
Gesamtvermögen			**Gesamtkapital**		

20 (Bilanzstruktur zu 15)

Aktiva | | | | | Passiva

Vermögensstruktur		%	Kapitalstruktur		%
Anlagevermögen			Eigenkapital		
Umlaufvermögen			Fremdkapital		
Gesamtvermögen			**Gesamtkapital**		

20 (Bilanzstruktur zu 16)

Aktiva | | | | | Passiva

Vermögensstruktur		%	Kapitalstruktur		%
Anlagevermögen			Eigenkapital		
Umlaufvermögen			Fremdkapital		
Gesamtvermögen			**Gesamtkapital**		

20 (Bilanzstruktur zu 17)

Aktiva | | | | | Passiva

Vermögensstruktur		%	Kapitalstruktur		%
Anlagevermögen			Eigenkapital		
Umlaufvermögen			Fremdkapital		
Gesamtvermögen			**Gesamtkapital**		

20 (Bilanzstruktur zu 18-01/02)

Aktiva | | | | | Passiva

Vermögensstruktur		%	Kapitalstruktur		%
Anlagevermögen			Eigenkapital		
Umlaufvermögen			Fremdkapital		
Gesamtvermögen			**Gesamtkapital**		

20 (Bilanzstruktur zu 19-01/02)

Aktiva | | | | | Passiva

Vermögensstruktur		%	Kapitalstruktur		%
Anlagevermögen			Eigenkapital		
Umlaufvermögen			Fremdkapital		
Gesamtvermögen			**Gesamtkapital**		

Aktiva	Eröffnungsbilanz	Passiva

S	Grundstücke und Gebäude	H

S	Technische Anlagen (TA) und Maschinen	H

S	Rohstoffe	H

S	Forderungen a. LL	H

S	Bankguthaben	H

S	Kasse	H

S	Verbindlichkeiten a. LL	H

S	Darlehensschulden	H

S	Eigenkapital	H

Aktiva	Schlussbilanz	Passiva

Aktiva	Eröffnungsbilanz	Passiva

S	Kasse	H

S	Grundstücke und Gebäude	H

S	Verbindlichkeiten a. LL	H

S	Technische Anlagen (TA) und Maschinen	H

S	Darlehensschulden	H

S	Rohstoffe	H

S	Eigenkapital	H

Aktiva	Schlussbilanz	Passiva

S	Forderungen a. LL	H

S	Bankguthaben	H

23

S	Kassenkonto	H

24

S	Verbindlichkeiten a. LL	H

26

Aktiva	Eröffnungsbilanz	Passiva

S	Forderungen a. LL	H

S	Bankguthaben	H

S	Grundstücke und Gebäude	H

S	Technische Anlagen (TA) und Maschinen	H

S	Kasse	H

S	Rohstoffe	H

S	Darlehensschulden	H

S	Verbindlichkeiten a. LL	H		Aktiva	Schlussbilanz	Passiva

S	Eigenkapital	H

27

Aktiva	Eröffnungsbilanz	Passiva		S	Bankguthaben	H

S	TA und Maschinen	H		S	Darlehensschulden	H

S	Betriebs- und Geschäftsausstattung (BGA)	H		S	Verbindlichkeiten a. LL	H

S	Rohstoffe	H		S	Eigenkapital	H

S	Forderungen a. LL	H		Aktiva	Schlussbilanz	Passiva

S	Kasse	H

Aktiva	Eröffnungsbilanz	Passiva

S	TA und Maschinen	H

S	Betriebs- und Geschäftsausstattung	H

S	Rohstoffe	H

S	Forderungen a. LL	H

S	Kasse	H

S	Postbankguthaben	H

S	Bankguthaben	H

S	Darlehensschulden	H

S	Verbindlichkeiten a. LL	H

S	Eigenkapital	H

Aktiva	Schlussbilanz	Passiva

Lfd. Nr.	Buchungs-datum	Beleg	Konto	Soll	Haben
1					
2					
3					
4					
5					
6					
7					
8					
9					
10					
11					
12					
13					
14					
15					
16					
17					
18					
19					

Aktiva	Eröffnungsbilanz	Passiva

S	Kasse	H

S	Eröffnungsbilanzkonto	H

S	Bankguthaben	H

S	Verbindlichkeiten a. LL	H

S	TA und Maschinen	H

S	Eigenkapital	H

S	Betriebs- und Geschäftsausstattung	H

S	Schlussbilanzkonto	H

S	Rohstoffe	H

Aktiva	Schlussbilanz	Passiva

S	Forderungen a. LL	H

Aktiva	Eröffnungsbilanz	Passiva

S	Eröffnungsbilanzkonto	H

S	Grundstücke und Gebäude	H

S	TA und Maschinen	H

S	Betriebs- und Geschäftsausstattung	H

S	Rohstoffe	H

S	Hilfsstoffe	H

S	Forderungen a. LL	H

S	Kasse	H

S	Postbankguthaben	H

S	Bankguthaben	H

S	Darlehensschulden	H

S	Verbindlichkeiten a. LL	H

S	Eigenkapital	H

S	Schlussbilanzkonto	H

Aktiva	Schlussbilanz	Passiva

S	Grundstücke und Gebäude	H

S	Zinserträge	H

S	TA und Maschinen	H

S	Aufwendungen für Rohstoffe	H

S	Aufwendungen für Hilfsstoffe	H

S	Betriebs- und Geschäftsausstattung	H

S	Löhne/Gehälter	H

S	Kosten der Telekommunikation	H

S	Rohstoffe	H

S	Büromaterial	H

S	Hilfsstoffe	H

S	Gewinn- und Verlustkonto	H

S	Forderungen a. LL	H

S	Bankguthaben	H

S	Eigenkapital	H

S	Verbindlichkeiten a. LL	H

S	Schlussbilanzkonto	H

S	Umsatzerlöse für eigene Erzeugnisse	H

S	Mieterträge	H

S	Eröffnungsbilanzkonto	H

S	Zinserträge	H

S	Rohstoffe	H

S	Aufwendungen für Rohstoffe	H

S	Hilfsstoffe	H

S	Aufwendungen für Hilfsstoffe	H

S	Betriebsstoffe	H

S	Aufwendungen für Betriebsstoffe	H

S	Forderungen a. LL	H

S	Löhne	H

S	Kasse	H

S	Gehälter	H

S	Bankguthaben	H

S	Betriebssteuern	H

S	Werbeaufwendungen	H

S	Gewinn- und Verlustkonto	H

S	Eigenkapital	H

S	Umsatzerlöse für eigene Erzeugnisse	H

S	Schlussbilanzkonto	H

S	Eröffnungsbilanzkonto	H

S	Verbindlichkeiten a. LL	H

S	Umsatzerlöse für eigene Erzeugnisse	H

S	Betriebs- und Geschäftsausstattung	H

S	Provisionserträge	H

S	Rohstoffe	H

S	Aufwendungen für Rohstoffe	H

S	Aufwendungen für Hilfsstoffe	H

S	Hilfsstoffe	H

S	Aufwendungen für Betriebsstoffe	H

S	Löhne	H

S	Betriebsstoffe	H

S	Fremdinstandhaltung	H

S	Büromaterial	H

S	Forderungen a. LL	H

S	Gewinn- und Verlustkonto	H

S	Kasse	H

S	Bankguthaben	H

S	Schlussbilanzkonto	H

S	Eigenkapital	H

S	TA und Maschinen	H

S	Rohstoffe	H

S	Vorprodukte/Fremdbauteile	H

S	Betriebsstoffe	H

S	Forderungen a. LL	H

S	Kasse	H

S	Bankguthaben	H

S	Eigenkapital	H

S	Darlehensschulden	H

S	Verbindlichkeiten a. LL	H

S	Umsatzerlöse für eigene Erzeugnisse	H

S	Zinserträge	H

S	Aufwendungen für Rohstoffe	H

S	Aufwendungen für Vorprodukte/Fremdbauteile	H

S	Aufwendungen für Betriebsstoffe	H

S	Löhne	H

S	Gehälter	H

S	Büromaterial	H

S	Werbeaufwendungen	H

S	Mietaufwendungen	H

S	Fremdinstandhaltung	H

S	Kosten der Telekommunikation	H

S	Gewinn- und Verlustkonto	H

S	Schlussbilanzkonto	H

S	TA und Maschinen	H
420.000,00		

S	Betriebs- und Geschäftsausstattung	H
210.000,00		

S	Rohstoffe	H
89.000,00		

S	Hilfsstoffe	H
12.500,00		

S	Betriebsstoffe	H
2.800,00		

S	Forderungen a. LL	H
46.000,00		

S	Kasse	H
700,00		

S	Bankguthaben	H
125.000,00		

S	Darlehensschulden	H
		260.000,00

S	Verbindlichkeiten a. LL	H
		69.000,00

S	Umsatzerlöse für eigene Erzeugnisse	H

S	Provisionserträge	H

S	Aufwendungen für Rohstoffe	H

S	Aufwendungen für Hilfsstoffe	H

S	Aufwendungen für Betriebsstoffe	H

S	Löhne	H

S	Gehälter	H

S	Mietaufwendungen	H

S	Kosten der Telekommunikation	H

S	Zinsaufwendungen	H

S	Versicherungsbeiträge	H

S	Gewinn- und Verlustkonto	H

S	Eigenkapital	H
		577.000,00

S	Schlussbilanzkonto	H

S	TA und Maschinen	H

S	Darlehensschulden	H

S	Fuhrpark	H

S	Verbindlichkeiten a. LL	H

S	Betriebs- und Geschäftsausstattung	H

S	Umsatzerlöse für eigene Erzeugnisse	H

S	Aufwendungen für Rohstoffe	H

S	Rohstoffe	H

S	Aufwendungen für Hilfsstoffe	H

S	Aufwendungen für Betriebsstoffe	H

S	Hilfsstoffe	H

S	Löhne	H

S	Abschreibungen auf Sachanlagen	H

S	Betriebsstoffe	H

S	Betriebsteuern	H

S	Forderungen a. LL	H

S	Gewinn- und Verlustkonto	H

S	Kasse	H

S	Bank	H

S	Schlussbilanzkonto	H

S	Eigenkapital	H

S	TA und Maschinen	H

S	Eigenkapital	H

S	Fuhrpark	H

S	Darlehensschulden	H

S	Betriebs- und Geschäftsausstattung	H

S	Verbindlichkeiten a. LL	H

S	Rohstoffe	H

S	Umsatzerlöse für eigene Erzeugnisse	H

S	Hilfsstoffe	H

S	Aufwendungen für Rohstoffe	H

S	Betriebsstoffe	H

S	Aufwendungen für Hilfsstoffe	H

S	Forderungen a. LL	H

S	Aufwendungen für Betriebsstoffe	H

S	Kasse	H

S	Löhne	H

S	Bank	H

S	Gehälter	H

S	Abschreibungen auf Sachanlagen	H

S	Betriebsteuern	H

Fortsetzung von Übung 56

S	Gewinn- und Verlustkonto	H

S	Schlussbilanzkonto	H

63

S	TA und Maschinen	H

S	Bank	H

S	Rohstoffe	H

S	Kasse	H

S	Vorprodukte/Fremdbauteile	H

S	Eigenkapital	H

S	Betriebsstoffe	H

S	Verbindlichkeiten a. LL	H

S	Unfertige Erzeugnisse	H

S	Umsatzerlöse für eigene Erzeugnisse	H

S	Fertige Erzeugnisse	H

S	Bestandsveränderungen	H

S	Forderungen a. LL	H

S	Zinserträge	H

S   **Aufwendungen für Rohstoffe**   H

S   **Aufwendungen für Fremdbauteile**   H

S   **Aufwendungen für Betriebsstoffe**   H

S   **Ausgangsfrachten**   H

S   **Vertriebsprovisionen**   H

S   **Fremdinstandhaltung**   H

S   **Löhne**   H

S   **Gehälter**   H

S   **Abschreibungen auf Sachanlagen**   H

S   **Mietaufwendungen**   H

S   **Reisekosten**   H

S   **Gewinn- und Verlustkonto**   H

S   **Schlussbilanzkonto**   H

78

S   **Eröffnungsbilanzkonto**   H

S   **TA und Maschinen**   H

S   **Andere Anlagen/BGA**   H

S   **Rohstoffe**   H

S   **Hilfsstoffe**   H

S   **Betriebsstoffe**   H

S   **Unfertige Erzeugnisse**   H

S	Fertige Erzeugnisse	H

S	Umsatzsteuer	H

S	Forderungen a. LL	H

S	Umsatzerlöse für eigene Erzeugnisse	H

S	Vorsteuer	H

S	Bestandsveränderungen	H

S	Aufwendungen für Rohstoffe	H

S	Aufwendungen für Hilfsstoffe	H

S	Kasse	H

S	Aufwendungen für Betriebsstoffe	H

S	Fremdinstandhaltung	H

S	Bank	H

S	Löhne	H

S	Abschreibungen auf Sachanlagen	H

S	Eigenkapital	H

S	Portokosten	H

S	Büromaterial	H

S	Verbindlichkeiten a. LL	H

S	Werbeaufwendungen	H

S	Gewinn- und Verlustkonto	H

S	Schlussbilanzkonto	H

79

S	Eröffnungsbilanzkonto	H

S	TA und Maschinen	H

S	Andere Anlagen/BGA	H

S	Rohstoffe	H

S	Hilfsstoffe	H

S	Unfertige Erzeugnisse	H

S	Fertige Erzeugnisse	H

S	Forderungen a. LL	H

S	Vorsteuer	H

S	Kasse	H

S	Fremdinstandhaltung	H

S	Bank	H

S	Löhne	H

S	Gehälter	H

S	Abschreibungen auf Sachanlagen	H

S	Eigenkapital	H

S	Mietaufwendungen	H

S	Büromaterial	H

S	Verbindlichkeiten a. LL	H

S	Betriebssteuern	H

S	Gewinn- und Verlustkonto	H

S	Umsatzsteuer	H

S	Umsatzerlöse für eigene Erzeugnisse	H

S	Bestandsveränderungen	H

S	Schlussbilanzkonto	H

S	Aufwendungen für Rohstoffe	H

S	Aufwendungen für Hilfsstoffe	H

S	Eröffnungsbilanzkonto	H

S	TA und Maschinen	H

S	Andere Anlagen/BGA	H

S	Rohstoffe	H

S	Forderungen a. LL	H

S	Vorsteuer	H

S	Bank	H

S	Kasse	H

S	Darlehensschulden	H

S	Verbindlichkeiten a. LL	H

S	Umsatzsteuer	H

S	Umsatzerlöse für eigene Erzeugnisse	H

S	Entnahme v. G. u. s. L.	H

S	Zinserträge	H

S	Aufwendungen für Rohstoffe	H

S	Gehälter	H

S	Abschreibungen auf Sachanlagen	H

S	Büromaterial	H

S	Privat	H

S	Gewinn- und Verlustkonto	H

S	Eigenkapital	H

S	Schlussbilanzkonto	H

S	Eröffnungsbilanzkonto	H

S	Umsatzsteuer	H

S	TA und Maschinen	H

S	Umsatzerlöse für eigene Erzeugnisse	H

S	Andere Anlagen/BGA	H

S	Aufwendungen für Rohstoffe	H

S	Rohstoffe	H

S	Löhne	H

S	Forderungen a. LL	H

S	Fremdinstandhaltung	H

S	Vorsteuer	H

S	Abschreibungen auf Sachanlagen	H

S	Büromaterial	H

S	Bank	H

S	Mietaufwendungen	H

S	Kasse	H

S	Entnahme v. G. u. s. L.	H

S	Privat	H

S	Verbindlichkeiten a. LL	H

S	Eigenkapital	H

S	Gewinn- und Verlustkonto	H

S	Schlussbilanzkonto	H

91

S	TA und Maschinen	H
146.000,00		3.500,00

S	Verbindlichkeiten a. LL	H
437.000,00		713.000,00

S	Andere Anlagen/BGA	H
73.060,00		1.500,00

S	Vorsteuer	H
91.344,00		72.000,00

S	Rohstoffe	H
250.000,00		

S	Umsatzsteuer	H
81.125,00		173.375,00

S	Forderungen a. LL	H
920.000,00		755.000,00

S	Bank	H
878.511,00		648.000,00

S	Umsatzerlöse für eigene Erzeugnisse	H
		910.000,00

S	Privat	H
85.000,00		17.625,00

S	Entnahme v. G. u. s. L.	H
		2.500,00

S	Aufwendungen für Rohstoffe	H
420.000,00		

S	Gehälter	H
140.000,00		

S	Gewinn- und Verlustkonto	H

S	Abschreibungen auf Sachanlagen	H

S	Mietaufwendungen	H
68.000,00		

S	Eigenkapital	H
		300.000,00

S	Werbung	H
5.600,00		

S	Schlussbilanzkonto	H

S	Büromaterial	H
860,00		

95

S	8000 Eröffnungsbilanzkonto	H

S	2020 Hilfsstoffe	H
12.000,00		

S	2030 Betriebsstoffe	H
8.000,00		

S	0700 TA und Maschinen	H
250.000,00		

S	2100 Unfertige Erzeugnisse	H
15.000,00		

S	2000 Rohstoffe	H
40.000,00		

S	2200 Fertige Erzeugnisse	H
12.000,00		

S	2400 Forderungen a. LL	H
17.000,00		

S	5000 Umsatzerlöse für eigene Erzeugnisse	H

S	2600 Vorsteuer	H

S	5200 Bestandsveränderungen	H

S	2800 Bank	H
28.000,00		

S	5420 Entnahme v. G. u. s. L.	H

S	6000 Aufwendungen für Rohstoffe	H

S	6020 Aufwendungen für Hilfsstoffe	H

S	2880 Kasse	H
6.000,00		

S	6030 Aufwendungen für Betriebsstoffe	H

S	3000 Eigenkapital	H
	280.000,00	

S	6140 Frachten und Fremdlager	H

S	6160 Fremdinstandhaltung	H

S	3001 Privat	H

S	6200 Löhne	H

S	4250 Darlehensschulden	H
	83.000,00	

S	6520 Abschreibungen auf Sachanlagen	H

S	4400 Verbindlichkeiten a. LL	H
	25.000,00	

S	6700 Mietaufwendungen	H

S	7510 Zinsaufwendungen	H

S	4800 Umsatzsteuer	H

S	7700 Gewerbesteuer	H

Fortsetzung von Übung 95

S	8020 Gewinn- und Verlustkonto	H

S	8010 Schlussbilanzkonto	H

96

S	8000 Eröffnungsbilanzkonto	H

S	2600 Vorsteuer	H

S	0700 TA und Maschinen	H
242.000,00		

S	2800 Bank	H
142.000,00		

S	0800 Andere Anlagen/BGA	H
88.000,00		

S	2000 Rohstoffe	H
160.000,00		

S	2880 Kasse	H
5.800,00		

S	2020 Hilfsstoffe	H
20.000,00		

S	3000 Eigenkapital	H
		479.800,00

S	2400 Forderungen a. LL	H
98.000,00		

S	3001 Privat	H

S	6300 Gehälter	H

S	6520 Abschreibungen auf Sachanlagen	H

S	4250 Darlehensschulden	H
	150.000,00	

S	6700 Mietaufwendungen	H

S	4400 Verbindlichkeiten a. LL	H
	112.600,00	

S	6820 Portokosten	H

S	6870 Werbung	H

S	4800 Umsatzsteuer	H
	13.400,00	

S	7510 Zinsaufwendungen	H

S	8020 Gewinn- und Verlustkonto	H

S	5000 Umsatzerlöse für eigene Erzeugnisse	H

S	5420 Entnahme v. G. u. s. L.	H

S	5710 Zinserträge	H

S	8010 Schlussbilanzkonto	H

S	6000 Aufwendungen für Rohstoffe	H

S	6020 Aufwendungen für Hilfsstoffe	H

S	6160 Fremdinstandhaltung	H

98

S	2400 Forderungen a. LL	H

S	5000 Umsatzerlöse für eigene Erzeugnisse	H

S	10001 Möbelgroßhandel Hein e. K.	H

S	4800 Umsatzsteuer	H

S	10002 Möbelcenter MC	H

S	2800 Bank	H

Kunden-Saldenliste		
Konto-Nr.	Kunden	Salden
Summe		

99

S	2000 Rohstoffe	H

S	4400 Verbindlichkeiten a. LL	H

S	2600 Vorsteuer	H

S	60001 Holzwerke GmbH	H

S	60002 Furnierwerke AG	H

S	2800 Bank	H

Lieferanten-Saldenliste		
Konto-Nr.	Lieferanten	Salden
Summe		

Grundbuch (Journal)

AR (Ausgangsrechnung) ER (Eingangsrechnung)
BA (Bankauszug) PE (Privatentnahmebeleg)
KB (Kassenbeleg) SB (Sonstige Belege)
ME (Materialentnahmeschein)

Datum	Beleg	Buchungstext	Kontierung		Betrag	
			Soll	Haben	Soll	Haben

Datum	Beleg	Buchungstext	Kontierung		Betrag	
			Soll	Haben	Soll	Haben

Hauptbuch

S	0700 TA und Maschinen	H
156.000,00	8.500,00	

S	0800 Andere Anlagen/BGA	H
62.000,00	4.500,00	

S	2000 Rohstoffe	H
189.000,00		

S	2400 Forderungen a. LL	H
810.750,00	719.380,00	

S	2600 Vorsteuer	H
99.586,50	83.640,00	

S	2800 Bank	H
782.220,00	646.070,00	

S	2850 Postbankguthaben	H
69.343,00	14.000,00	

S	2880 Kasse	H
28.940,00	21.150,00	

S	3000 Eigenkapital	H
	429.000,00	

S	3001 Privat	H
40.000,00		

S	4400 Verbindlichkeiten a. LL	H
525.000,00	624.880,00	

S	4800 Umsatzsteuer	H
91.048,00	150.907,50	

S	5000 Umsatzerlöse für eigene Erzeugnisse	H
	780.150,00	

S	5420 Entnahme v. G. u. s. L.	H
		14.100,00

S	6800 Aufwendungen für Kommunikation	H
35.320,00		

S	6000 Aufwendungen für Rohstoffe	H
460.000,00		

S	8020 Gewinn- und Verlustkonto	H

S	62 – 64 Personalkosten	H
102.000,00		

S	8010 Schlussbilanzkonto	H

S	6520 Abschreibungen auf Sachanlagen	H

S	6700 Mietaufwendungen	H
45.070,00		

Aktiva		Schlussbilanz		Passiva

Kontokorrentbuch (Personenkonten)

Kundenkonten:

S	10000 F. Walter e. Kffr., Leverkusen				H
17. Dez.		344.500,00	17. Dez.		322.400,00

S	10001 Kühn KG, Köln				H
17. Dez.		241.250,00	17. Dez.		221.400,00

S	10002 R. Schulze e. Kfm., Bergheim				H
17. Dez.		225.000,00	17. Dez.		175.580,00

Lieferantenkonten:

S	60000 M. Blau e. K., Rheine				H
17. Dez.		189.400,00	17. Dez.		224.600,00

S	60001 S. Schneider e. K., Emsdetten				H
17. Dez.		180.200,00	17. Dez.		215.800,00

S	60002 Weber GmbH, Soest				H
17. Dez.		155.400,00	17. Dez.		184.480,00

Saldenliste der Kundenkonten	Soll	Haben	Salden
Summe			

Saldenliste der Lieferantenkonten	Soll	Haben	Salden
Summe			

Grundbuch (Journal)

AR (Ausgangsrechnung) ER (Eingangsrechnung)
BA (Bankauszug) PE (Privatentnahmebeleg)
KB (Kassenbeleg) SB (SonstigeBelege)
ME (Materialentnahmeschein)

Datum	Beleg	Buchungstext	Kontierung		Betrag	
			Soll	Haben	Soll	Haben

Datum	Beleg	Buchungstext	Kontierung		Betrag	
			Soll	Haben	Soll	Haben
			Soll	Haben	Soll	Haben

Hauptbuch

S	0700 Technische Anlagen und Maschinen	H
886.900,00		

S	2600 Vorsteuer	H
61.200,00		

S	0800 Andere Anlagen/BGA	H
278.000,00		

S	2000 Rohstoffe	H
120.000,00		

S	2810 Sparkasse	H
312.975,00		

S	2020 Hilfsstoffe	H
28.000,00		

S	2030 Betriebsstoffe	H
48.000,00		

S	2840 Commerzbank	H
28.100,00		

S	2100 Unfertige Erzeugnisse	H
28.000,00		

S	2880 Kasse	H
21.000,00		

S	2200 Fertige Erzeugnisse	H
69.000,00		

S	3000 Eigenkapital	H
		922.000,00

S	2400 Forderungen a. LL	H
74.018,00		

S	3001 Privat	H
84.000,00		

S	4250 Darlehensschulden	H
		342.930,00

S	4400 Verbindlichkeiten a. LL	H
		104.363,00

S	4800 Umsatzsteuer	H
		267.900,00

S	5000 Umsatzerlöse für eigene Erzeugnisse	H
		1.400.000,00

S	5200 Bestandsveränderungen	H

S	5420 Entnahme v. G. u. s. L.	H
		10.000,00

S	5430 Andere sonstige betriebliche Erträge	H
		18.000,00

S	5710 Zinserträge	H
		42.000,00

S	6000 Aufwendungen für Rohstoffe	H
540.000,00		

S	6020 Aufwendungen für Hilfsstoffe	H
60.000,00		

S	6030 Aufwendungen für Betriebsstoffe	H
15.000,00		

S	6160 Fremdinstandhaltung	H
88.000,00		

S	6200 Löhne	H
186.000,00		

S	6300 Gehälter	H
145.000,00		

S	6520 Abschreibungen auf Sachanlagen	H

S	6820 Portokosten	H
3.600,00		

S	6830 Kosten der Telekommunikation	H
6.400,00		

S	6850 Reisekosten	H
2.000,00		

S	7510 Zinsaufwendungen	H
22.000,00		

S	8020 Gewinn- und Verlustkonto	H

S	8010 Schlussbilanzkonto	H

Kontokorrentbuch (Personenkonten)

Kundenkonten (Debitoren):

S   10000 Hartmann KG   H

Datum	Nr. der Ausgangsrechnung		Datum	AR-Zahlungsausgleich	
.. -12-04	4563	12.614,00			
.. -12-06	4565	5.236,00			

S   10001 Kaufring GmbH   H

Datum	Nr. der Ausgangsrechnung		Datum	AR-Zahlungsausgleich	
.. -12-02	4558	1.844,50			
.. -12-04	4564	8.151,50			
.. -12-07	4566	2.201,50			

S   10002 Holzmann OHG   H

Datum	Nr. der Ausgangsrechnung		Datum	AR-Zahlungsausgleich	
.. -12-03	4560	892,50			
.. -12-04	4562	34.807,50			

S   10003 Wolfgang Kunde e. Kfm.   H

Datum	Nr. der Ausgangsrechnung		Datum	AR-Zahlungsausgleich	
.. -12-02	4559	2.142,00			
.. -12-03	4561	1.130,50			
.. -12-10	4567	4.998,00			

Lieferantenkonten (Kreditoren):

S   60000 Velox GmbH   H

Datum	ER-Zahlungsausgleich		Datum	Nr. der Eingangsrechnung	
			.. -12-18	24502	43.911,00

60001 Schneider KG

S				H	
Datum	ER-Zahlungsausgleich		Datum	Nr. der Eingangsrechnung	
			.. -12-03	14 678	3.094,00
			.. -12-17	14 701	26.418,00

60002 Garne GmbH

S				H	
Datum	ER-Zahlungsausgleich		Datum	Nr. der Eingangsrechnung	
			.. -12-09	1 496	6.842,50
			.. -12-15	1 528	24.097,50

60003 Offermann OHG

S				H	
Datum	ER-Zahlungsausgleich		Datum	Nr. der Eingangsrechnung	

60004 Walter Schreiber e. K.

S				H	
Datum	ER-Zahlungsausgleich		Datum	Nr. der Eingangsrechnung	

Saldenliste der Kundenkonten	
10000 Hartmann KG	
10001 Kaufring GmbH	
10002 Holzmann OHG	
10003 Wolfgang Kunde e. Kfm.	
Summe	

Saldenliste der Lieferantenkonten	
60000 Velox GmbH	
60001 Schneider KG	
60002 Garne GmbH	
60003 Offermann OHG	
60004 Walter Schreiber e. K.	
Summe	

Bilanzbuch
Schlussbilanz zum 31. Dezember ..

Aktiva				Passiva	

S	0700 TA und Maschinen	H

S	3000 Eigenkapital	H

S	0800 Andere Anlagen/BGA	H

S	4400 Verbindlichkeiten a. LL	H

S	2000 Rohstoffe	H

S	4800 Umsatzsteuer	H

S	2020 Hilfsstoffe	H

S	5000 Umsatzerlöse für eigene Erzeugnisse	H

S	2100 Unfertige Erzeugnisse	H

S	5100 Umsatzerlöse für Waren	H

S	2200 Fertige Erzeugnisse	H

S	5200 Bestandsveränderungen	H

S	2280 Handelswaren	H

S	6000 Aufwendungen für Rohstoffe	H

S	2400 Forderungen a. LL	H

S	6020 Aufwendungen für Hilfsstoffe	H

S	2600 Vorsteuer	H

S	6080 Aufwendungen für Waren	H

S	6200 Löhne	H

S	2800 Bank	H

S	6520 Abschreibungen auf Sachanlagen	H

S	8020 Gewinn- und Verlustkonto	H

S	8010 Schlussbilanzkonto	H

156

S	8000 Eröffnungsbilanzkonto	H

S	2020 Hilfsstoffe	H
13.000,00		

S	2100 Unfertige Erzeugnisse	H
18.000,00		

S	0700 TA und Maschinen	H
285.000,00		

S	2200 Fertige Erzeugnisse	H
21.500,00		

S	0800 Andere Anlagen/BGA	H
138.500,00		

S	2280 Handelswaren	H
6.000,00		

S	2000 Rohstoffe	H
42.000,00		

S	2281 Bezugskosten für Handelswaren	H

S	2400 Forderungen a. LL	H
32.600,00		

S	2002 Nachlässe für Rohstoffe	H

S	2600 Vorsteuer	H

S	2800 Bank	H
38.600,00		

S	2880 Kasse	H
12.800,00		

S	3000 Eigenkapital	H
	564.000,00	

S	3001 Privat	H

S	4400 Verbindlichkeiten a. LL	H
	44.000,00	

S	4800 Umsatzsteuer	H

S	5000 Umsatzerlöse für eigene Erzeugnisse	H

S	5100 Umsatzerlöse für Waren	H

S	5101 Erlösberichtigungen	H

S	5200 Bestandsveränderungen	H

S	5420 Entnahme v. G. u. s. L.	H

S	6000 Aufwendungen für Rohstoffe	H

S	6020 Aufwendungen für Hilfsstoffe	H

S	6080 Aufwendungen für Waren	H

S	6140 Frachten und Fremdlager	H

S	6160 Fremdinstandhaltung	H

S	6200 Löhne	H

S	6520 Abschreibungen auf Sachanlagen	H

S	6700 Mietaufwendungen	H

S	8020 Gewinn- und Verlustkonto	H

S	8010 Schlussbilanzkonto	H

157

S	0700 TA und Maschinen	H
123.000,00		

S	0800 Andere Anlagen/BGA	H
65.000,00		

S	2000 Rohstoffe	H
80.000,00		

S	2200 Fertige Erzeugnisse	H
20.000,00		

S	2400 Forderungen a. LL	H
155.426,00		

S	2600 Vorsteuer	H
179.898,00		

S	2800 Bank	H
158.380,00		

S	3000 Eigenkapital	H
		300.000,00

S	3001 Privat	H
76.000,00		

S	4400 Verbindlichkeiten a. LL	H
	104.410,00	

S	4800 Umsatzsteuer	H
	277.894,00	

S	5000 Umsatzerlöse für eigene Erzeugnisse	H
	1.535.000,00	

S	5001 Erlösberichtigungen	H
72.400,00		

S	5200 Bestandsveränderungen	H

S	6000 Aufwendungen für Rohstoffe	H
919.200,00		

S	6001 Bezugskosten	H
18.800,00		

S	6002 Nachlässe	H
	31.200,00	

S	6520 Abschreibungen auf Sachanlagen	H

S	7800 Diverse Aufwendungen	H
380.400,00		

S	8020 Gewinn- und Verlustkonto	H

S	8010 Schlussbilanzkonto	H

S	8000 Eröffnungsbilanzkonto	H

S	2600 Vorsteuer	H

S	0700 TA und Maschinen	H
400.000,00		

S	2800 Bank	H
68.000,00		

S	0800 Andere Anlagen/BGA	H
60.000,00		

S	2880 Kasse	H
3.000,00		

S	2000 Rohstoffe	H
50.000,00		

S	3000 Eigenkapital	H
		470.000,00

S	2020 Hilfsstoffe	H
20.000,00		

S	3001 Privat	H

S	2100 Unfertige Erzeugnisse	H
10.000,00		

S	4250 Darlehensschulden	H
		145.000,00

S	2200 Fertige Erzeugnisse	H
30.000,00		

S	4400 Verbindlichkeiten a. LL	H
		55.000,00

S	2400 Forderungen a. LL	H
29.000,00		

S	4800 Umsatzsteuer	H

S	5000 Umsatzerlöse für eigene Erzeugnisse	H

S	5001 Erlösberichtigungen	H

S	5200 Bestandsveränderungen	H

S	5420 Entnahme v. G. u. s. L.	H

S	5710 Zinserträge	H

S	6000 Aufwendungen für Rohstoffe	H

S	6001 Bezugskosten für Rohstoffe	H

S	6002 Nachlässe für Rohstoffe	H

S	6020 Aufwendungen für Hilfsstoffe	H

S	6021 Bezugskosten für Hilfsstoffe	H

S	6022 Nachlässe für Hilfsstoffe	H

S	6200 Löhne	H

S	6520 Abschreibungen auf Sachanlagen	H

S	6700 Mietaufwendungen	H

S	8020 Gewinn- und Verlustkonto	H

S	8010 Schlussbilanzkonto	H

S	0700 TA und Maschinen	H
200.000,00		

S	2800 Bankguthaben	H
283.000,00		

S	0800 Andere Anlagen/BGA	H
110.000,00		

S	3000 Eigenkapital	H
	700.000,00	

S	2000 Rohstoffe	H
97.500,00		

S	4400 Verbindlichkeiten a. LL	H
	200.340,00	

S	2100 Unfertige Erzeugnisse	H
35.900,00		

S	4800 Umsatzsteuer	H
	202.559,00	

S	2200 Fertige Erzeugnisse	H
90.600,00		

S	5000 Umsatzerlöse für eigene Erzeugnisse	H
	997.000,00	

S	2280 Handelswaren	H
34.800,00		

S	5001 Erlösberichtigungen	H
15.900,00		

S	2400 Forderungen a. LL	H
229.161,00		

S	5100 Umsatzerlöse für Handelswaren	H
	85.000,00	

S	2600 Vorsteuer	H
130.338,00		

S	5200 Bestandsveränderungen	H

S	6000 Aufwendungen für Rohstoffe	H
578.000,00		

S	6520 Abschreibungen auf Sachanlagen	H

S	6001 Bezugskosten	H
16.600,00		

S	6700 Mietaufwendungen	H
96.000,00		

S	6002 Nachlässe	H
	12.900,00	

S	8020 Gewinn- und Verlustkonto	H

S	6080 Aufwendungen für Handelswaren	H
74.000,00		

S	8010 Schlussbilanz	H

S	6200 Löhne	H
206.000,00		

S	8000 Eröffnungsbilanzkonto	H

S	0510 Bebaute Grundstücke	H
180.000,00		

S	0530 Betriebsgebäude	H
420.000,00		

S	0700 TA und Maschinen	H
160.000,00		

S	0800 Andere Anlagen/BGA	H
87.000,00		

S	2000 Rohstoffe	H
200.000,00		

S	2200 Fertige Erzeugnisse	H
10.000,00		

S	2400 Forderungen a. LL	H
87.000,00		

S	2600 Vorsteuer	H

S	2640 SV-Vorauszahlung	H

S	2650 Forderungen an Mitarbeiter	H
12.000,00		

S	2800 Bankguthaben	H
95.000,00		

S	3000 Eigenkapital	H
		721.000,00

S	3001 Privat	H

S	4250 Darlehensschulden	H
		380.000,00

S	4400 Verbindlichkeiten a. LL	H
		131.080,00

S	4800 Umsatzsteuer	H
		12.000,00

S	4830 FB-Verbindlichkeiten	H
		6.920,00

S	5000 Umsatzerlöse für eigene Erzeugnisse	H

S	5200 Bestandsveränderungen	H

S	5420 Entnahme v. G. u. s. L.	H

S	5710 Zinserträge	H

S	6000 Aufwendungen für Rohstoffe	H

S	6200 Löhne	H

S	6300 Gehälter	H

S	6400 Arbeitgeberanteil zur Sozialversicherung	H

S	6420 Beiträge zur Berufsgenossenschaft	H

S	6520 Abschreibungen auf Sachanlagen	H

S	7510 Zinsaufwendungen	H

S	8020 Gewinn- und Verlustkonto	H

S	8010 Schlussbilanzkonto	H

216

S	8000 Eröffnungsbilanzkonto	H

S	0510 Bebaute Grundstücke	H

S	0530 Betriebsgebäude	H

S	0700 TA und Maschinen	H

S	0800 Andere Anlagen/BGA	H

S	2000 Rohstoffe	H

S	2020 Hilfsstoffe	H

S	2100 Unfertige Erzeugnisse	H

S	2200 Fertige Erzeugnisse	H

S	2400 Forderungen a. LL	H

S	2600 Vorsteuer	H

S	2640 SV-Vorauszahlung	H

S	2650 Forderungen an Mitarbeiter	H

S	2800 Bank	H

S	2880 Kasse	H

S	3000 Eigenkapital	H

S	4250 Darlehensschulden	H

S	4400 Verbindlichkeiten a. LL	H

S	4800 Umsatzsteuer	H

S	4830 Sonstige FB-Verbindlichkeiten	H

S	5000 Umsatzerlöse für eigene Erzeugnisse	H

S	5001 Erlösberichtigungen	H

S	5200 Bestandsveränderungen	H

Fortsetzung von Übung 216

S	5081 Mieterträge	H

S	6930 Verluste aus Schadensfällen	H

S	5710 Zinserträge	H

S	7020 Grundsteuer	H

S	6000 Aufwendungen für Rohstoffe	H

S	8020 Gewinn- und Verlustkonto	H

S	6002 Nachlässe für Rohstoffe	H

S	6020 Aufwendungen für Hilfsstoffe	H

S	6200 Löhne	H

S	8010 Schlussbilanzkonto	H

S	6300 Gehälter	H

S	6400 Arbeitgeberanteil zur Sozialversicherung	H

S	6520 Abschreibungen auf Sachanlagen	H

S	6800 Büromaterial	H

217

S	0700 TA und Maschinen	H
850.000,00		

S	2000 Rohstoffe	H
118.000,00		

S	0800 Andere Anlagen/BGA	H
240.000,00		

S	2020 Hilfsstoffe	H
17.000,00		

S	2100 Unfertige Erzeugnisse	H
15.000,00		

S	3000 Eigenkapital	H
	1.100.000,00	

S	2200 Fertige Erzeugnisse	H
34.000,00		

S	3001 Privat	H
65.000,00		

S	2400 Forderungen a. LL	H
285.000,00		

S	4250 Darlehensschulden	H
	310.500,00	

S	2600 Vorsteuer	H
360.692,00		

S	4400 Verbindlichkeiten a. LL	H
	160.400,00	

S	2640 SV-Vorauszahlung	H

S	4800 Umsatzsteuer	H
	356.592,00	

S	4830 FB-Verbindlichkeiten	H

S	2650 Forderungen an Mitarbeiter	H
2.500,00		

S	5000 Umsatzerlöse für eigene Erzeugnisse	H
	1.884.100,00	

S	2800 Bank	H
312.500,00		

S	5001 Erlösberichtigungen	H
25.700,00		

S	5200 Bestandsveränderungen	H

S	5420 Entnahme v. G. u. s. L.	H
		18.400,00

S	6400 Arbeitgeberanteil zur Sozialversicherung	H
	42.600,00	

S	5710 Zinserträge	H
		6.800,00

S	6420 Beiträge zur Berufsgenossenschaft	H
	24.900,00	

S	6000 Aufwendungen für Rohstoffe	H
890.000,00		

S	6520 Abschreibungen auf Sachanlagen	H

S	6001 Bezugskosten	H
24.600,00		

S	6700 Mietaufwendungen	H
90.000,00		

S	6002 Nachlässe	H
		15.700,00

S	7510 Zinsaufwendungen	H
26.300,00		

S	6020 Aufwendungen für Hilfsstoffe	H
98.500,00		

S	8020 Gewinn- und Verlustkonto	H

S	6150 Vertriebsprovisionen	H
24.800,00		

S	6200 Löhne	H
180.700,00		

S	8010 Schlussbilanzkonto	H

S	6300 Gehälter	H
124.700,00		

S	8000 Eröffnungsbilanzkonto	H

S	0500 Unbebaute Grundstücke	H
150.000,00		

S	0530 Betriebsgebäude	H
510.000,00		

S	0700 TA und Maschinen	H
78.000,00		

S	0800 Andere Anlagen/BGA	H
95.000,00		

S	2000 Rohstoffe	H
265.000,00		

S	2100 Unfertige Erzeugnisse	H
40.000,00		

S	2200 Fertige Erzeugnisse	H
10.000,00		

S	2400 Forderungen a. LL	H
98.000,00		

S	2600 Vorsteuer	H

S	2640 SV-Vorauszahlung	H

S	2650 Forderungen an Mitarbeiter	H
15.000,00		

S	2800 Bankguthaben	H
205.000,00		

S	3000 Eigenkapital	H
		900.000,00

S	3001 Privat	H

S	4250 Darlehensschulden	H
		410.000,00

S	4400 Verbindlichkeiten a. LL	H
		150.000,00

S	4800 Umsatzsteuer	H
		4.300,00

S	4830 FB-Verbindlichkeiten	H
		1.700,00

S	5000 Umsatzerlöse für eigene Erzeugnisse	H

S	5200 Bestandsveränderungen	H

S	5420 Entnahme v. G. u. s. L.	H

S	5710 Zinserträge	H

S	6000 Aufwendungen für Rohstoffe	H

S	6300 Gehälter	H

S	6400 Arbeitgeberanteil zur Sozialversicherung	H

S	6520 Abschreibungen auf Sachanlagen	H

S	6700 Mietaufwendungen	H

S	6770 Rechts- und Beratungskosten	H

S	7020 Grundsteuer	H

S	7030 Kraftfahrzeugsteuer	H

S	7510 Zinsaufwendungen	H

S	7700 Gewerbesteuer	H

S	8020 Gewinn- und Verlustkonto	H

S	8010 Schlussbilanzkonto	H

262

S	8000 Eröffnungsbilanzkonto	H

S	0700 TA und Maschinen	H
280.000,00		

S	0800 Andere Anlagen/BGA	H
174.000,00		

S	2000 Rohstoffe	H
180.600,00		

S	2020 Hilfsstoffe	H
82.400,00		

S	2100 Unfertige Erzeugnisse	H
14.000,00		

S	2200 Fertige Erzeugnisse	H
32.000,00		

S	2400 Forderungen a. LL	H
133.200,00		

S	2600 Vorsteuer	H

S	2640 SV-Vorauszahlung	H

S	2800 Bank	H
39.400,00		

S	2880 Kasse	H
4.600,00		

S	3000 Eigenkapital	H
	600.000,00	

S	3001 Privat	H

S	4250 Darlehensschulden	H
	270.000,00	

S	4400 Verbindlichkeiten a. LL	H
	70.200,00	

S	4800 Umsatzsteuer	H

S	4830 Sonstige FA-Verbindlichkeiten	H

S	5000 Umsatzerlöse für eigene Erzeugnisse	H

S	5001 Erlösberichtigungen	H

S	5200 Bestandsveränderungen	H

S	5300 Aktivierte Eigenleistungen	H

S	5420 Entnahme v. G. u. s. L.	H

S	5710 Zinserträge	H

S	6000 Aufwendungen für Rohstoffe	H

S	6002 Nachlässe für Rohstoffe	H

S	6020 Aufwendungen für Hilfsstoffe	H

S	6200 Löhne	H

S	6400 Arbeitgeberanteil zur Sozialversicherung	H

S	6520 Abschreibungen auf Sachanlagen	H

S	7510 Zinsaufwendungen	H

S	8020 Gewinn- und Verlustkonto	H

S	8010 Schlussbilanzkonto	H

S	0500 Unbebaute Grundstücke	H
280.000,00		

S	0510 Bebaute Grundstücke	H
200.000,00		

S	0530 Betriebsgebäude	H
780.000,00		

S	0700 Technische Anlagen und Maschinen	H
675.000,00		

S	0800 Andere Anlagen/BGA	H
280.000,00		

S	0891 GWG-Sammelposten	H
6.000,00		

S	2000 Rohstoffe	H
155.600,00		

S	2200 Fertige Erzeugnisse	H
33.325,00		

S	2400 Forderungen a. LL	H
197.635,00		

S	2600 Vorsteuer	H
101.580,00		

S	2800 Bank	H
158.200,00		

S	2880 Kasse	H
6.800,00		

S	3000 Eigenkapital	H
		1.300.000,00

S	3001 Privat	H
62.000,00		

S	4250 Darlehnsschulden	H
		568.475,00

S	4400 Verbindlichkeiten a. LL	H
		230.200,00

S	4800 Umsatzsteuer	H
		259.065,00

S	5000 Umsatzerlöse für eigene Erzeugnisse	H
		1.350.000,00

S	5001 Erlösberichtigungen	H
12.000,00		

S	6541 Abschreibungen auf GWG-Sammelposten	H

S	5081 Mieterträge	H
	22.600,00	

S	6550 Außerplanmäßige Abschreibungen auf SA	H

S	5200 Bestandsveränderungen	H

S	6900 Versicherungsbeiträge	H
22.000,00		

S	5420 Entnahme v. G. u. s. L.	H
	25.500,00	

S	7510 Zinsaufwendungen	H
36.000,00		

S	7800 Diverse Aufwendungen	H
360.000,00		

S	5430 Andere sonstige betriebliche Erträge	H
	14.800,00	

S	8020 Gewinn- und Verlustkonto	H

S	6000 Aufwendungen für Rohstoffe	H
420.000,00		

S	6001 Bezugskosten	H
3.000,00		

S	8010 Schlussbilanzkonto	H

S	6002 Nachlässe	H
	18.500,00	

S	6520 Abschreibungen auf Sachanlagen	H

S	0700 Technische Anlagen und Maschinen	H
1.260.000,00		

S	3000 Eigenkapital	H
		900.000,00

S	0800 Andere Anlagen/BGA	H
400.000,00		

S	3001 Privat	H
88.700,00		

S	0891 GWG-Sammelposten	H
8.600,00		

S	3900 Sonstige Rückstellungen	H
		10.000,00

S	2000 Rohstoffe	H
95.000,00		

S	4250 Darlehensschulden	H
		133.600,00

S	2400 Forderungen a. LL	H
190.760,00		

S	4400 Verbindlichkeiten a. LL	H
		170.000,00

S	2600 Vorsteuer	H
154.380,00		

S	4800 Umsatzsteuer	H
		375.440,00

S	2800 Bank	H
339.200,00		

S	4890 Sonstige Verbindlichkeiten	H
		110.000,00

S	2880 Kasse	H
7.400,00		

S	4900 Passive Rechnungsabgrenzung	H

S	2900 Aktive Rechnungsabgrenzung	H

S	5000 Umsatzerlöse für eigene Erzeugnisse	H
		1.976.000,00

S	5420 Entnahme v. G. u. s. L.	H

S	6940 Sonstige Aufwendungen	H
16.000,00		

S	5710 Zinserträge	H
	4.000,00	

S	7510 Zinsaufwendungen	H
46.400,00		

S	6000 Aufwendungen für Rohstoffe	H
626.000,00		

S	7800 Diverse Aufwendungen	H
279.300,00		

S	6160 Fremdinstandhaltung	H
8.000,00		

S	6520 Planmäßige Abschreibungen auf Sachanlagen	H

S	8020 Gewinn- und Verlustkonto	H

S	6541 Abschreibungen auf GWG-Sammelposten	H

S	6550 Außerplanmäßige Abschreibungen auf SA	H

S	6700 Mietaufwendungen	H
145.300,00		

S	8010 Schlussbilanzkonto	H

S	6770 Rechts- und Beratungskosten	H
14.000,00		

S	0700 TA und Maschinen	H
1.260.000,00		

S	0800 Andere Anlagen/BGA	H
340.000,00		

S	0891 GWG-Sammelposten	H
10.600,00		

S	2000 Rohstoffe	H
95.000,00		

S	2100 Unfertige Erzeugnisse	H
78.300,00		

S	2200 Fertige Erzeugnisse	H
41.000,00		

S	2400 Forderungen a. LL	H
437.160,00		

S	2600 Vorsteuer	H
165.080,00		

S	2800 Bank	H
348.500,00		

S	2880 Kasse	H
10.400,00		

S	2900 Aktive Rechnungsabgrenzung	H

S	3000 Eigenkapital	H
	1.100.000,00	

S	3001 Privat	H
88.700,00		

S	3900 Sonstige Rückstellungen	H
	10.000,00	

S	4250 Darlehensschulden	H
	280.000,00	

S	4400 Verbindlichkeiten a. LL	H
	170.000,00	

S	4800 Umsatzsteuer	H
	375.440,00	

S	4890 Sonstige Verbindlichkeiten	H
	110.000,00	

S	4900 Passive Rechnungsabgrenzung	H

S	5000 Umsatzerlöse für eigene Erzeugnisse	H
	1.976.000,00	

S	5200 Bestandsveränderungen		H

S	6940 Sonstige Aufwendungen		H
16.000,00			

S	5420 Entnahme v. G. u. s. L.		H

S	7510 Zinsaufwendungen		H
46.400,00			

S	5710 Zinserträge		H
		4.000,00	

S	7800 Diverse Aufwendungen		H
320.000,00			

S	6000 Aufwendungen für Rohstoffe		H
626.000,00			

S	8020 Gewinn- und Verlustkonto		H

S	6160 Fremdinstandhaltung		H
8.000,00			

S	6520 Abschreibungen auf Sachanlagen		H

S	6541 Abschreibungen auf GWG-Sammelposten		H

S	6550 Außerplanmäßige AfA auf Sachanlagen		H

S	8010 Schlussbilanzkonto		H

S	6700 Mietaufwendungen		H
120.300,00			

S	6770 Rechts- und Beratungskosten		H
14.000,00			

2400 Forderungen a. LL

2470 Zweifelhafte Forderungen

2800 Bank

3670 EWB zu Forderungen

3680 Pauschal-WB zu Forderungen

3800 Steuerrückstellungen

3900 Sonstige Rückstellungen

4800 Umsatzsteuer

4890 Sonstige Verbindlichkeiten

5450 Erträge a. d.A. o.H. v. WB a. Ford.

5455 Erträge aus abgeschr. Ford.

5480 Erträge aus der Aufl. von Rückständen

6700 Mietaufwendungen

6951 Abschreibungen auf Forderungen

6952 Einstellung in Einzel-WB

7700 Gewerbesteuer

8010 SBK (Auszug)

8020 GuV-Konto (Auszug)

S	0700 TA und Maschinen	H
620.000,00		

S	0800 Andere Anlagen/BGA	H
360.000,00		

S	2000 Rohstoffe	H
280.000,00		

S	2200 Fertige Erzeugnisse	H
15.000,00		

S	2400 Forderungen a. LL	H
348.480,00		

S	2600 Vorsteuer	H
128.090,00		

S	2690 Sonstige Forderungen	H
2.000,00		

S	2800 Bank	H
328.000,00		

S	3000 Kapital M. Gruppe	H
		400.000,00

S	3001 Privat M. Gruppe	H
83.000,00		

S	3010 Kapital S. Krüger	H
		200.000,00

S	3011 Privat S. Krüger	H
79.000,00		

S	3900 Sonstige Rückstellungen	H
		15.500,00

S	4250 Darlehensschulden	H
		444.000,00

S	4400 Verbindlichkeiten a. LL	H
		215.000,00

S	4800 Umsatzsteuer	H
		285.570,00

S	4890 Sonstige Verbindlichkeiten	H
		17.500,00

S	5000 Umsatzerlöse für eigene Erzeugnisse	H
		1.511.000,00

S	5001 Erlösberichtigungen	H
8.000,00		

S	5200 Bestandsveränderungen	H

S	5480 Erträge aus der Auflösung von Rückstellungen	H
		5.000,00

S	5710 Zinserträge	H		S	7800 Diverse Aufwendungen	H
	6.000,00			220.000,00		

S	6000 Aufwendungen für Rohstoffe	H
460.000,00		

S	8020 Gewinn- und Verlustkonto	H

S	6001 Bezugskosten	H
10.000,00		

S	6002 Nachlässe	H
	6.000,00	

S	8010 Schlussbilanzkonto	H

S	6520 Abschreibungen auf Sachanlagen	H

S	6700 Mietaufwendungen	H
120.000,00		

Aktiva	Schlussbilanz	Passiva

S	6930 Verluste aus Schadensfällen	H
19.000,00		

S	7510 Zinsaufwendungen	H
25.000,00		

397

S	0510 Bebaute Grundstücke	H		S	0700 TA und Maschinen	H
180.000,00				780.000,00		

S	0530 Betriebsgebäude	H		S	0800 Andere Anlagen/BGA	H
800.000,00				260.000,00		

S	2000 Rohstoffe	H
260.000,00		

S	3001 Privat P. von Raupach	H
70.000,00		

S	2002 Nachlässe	H
	8.000,00	

S	3070 Kapital Teilhafter M. Breuer	H
	300.000,00	

S	3680 Pauschalwertberichtigung zu Forderungen	H
	6.000,00	

S	2200 Fertige Erzeugnisse	H
60.000,00		

S	3900 Sonstige Rückstellungen	H
	5.000,00	

S	2400 Forderungen a. LL	H
434.350,00		

S	4250 Darlehensschulden	H
	650.000,00	

S	2600 Vorsteuer	H
134.000,00		

S	4400 Verbindlichkeiten a. LL	H
	307.000,00	

S	2690 Sonstige Forderungen	H
16.000,00		

S	4800 Umsatzsteuer	H
	316.350,00	

S	2800 Bank	H
293.000,00		

S	4870 Verbindlichkeiten gegenüber Gesellschaftern	H

S	2880 Kasse	H
12.000,00		

S	4890 Sonstige Verbindlichkeiten	H
	95.000,00	

S	2900 Aktive Rechnungsabgrenzung	H

S	4900 Passive Rechnungsabgrenzung	H

S	3000 Kapital Vollhafter P. von Raupach	H
	900.000,00	

S	5000 Umsatzerlöse für eigene Erzeugnisse	H
	1.675.000,00	

S	5001 Erlösberichtigungen	H
15.000,00		

S	5200 Bestandsveränderungen	H

S	5081 Mieterträge	H
	14.000,00	

S	5420 Entnahme v. G. u. s. L. P. von Raupach	H
	5.000,00	

S	6000 Aufwendungen für Rohstoffe	H
220.000,00		

S	6160 Fremdinstandhaltung	H
10.000,00		

S	6520 Abschreibungen auf Sachanlagen	H

S	6550 Außerplanmäßige Abschreibungen auf SA	H

S	6900 Versicherungsbeiträge	H
15.000,00		

S	6951 Abschreibungen auf Forderungen	H
8.000,00		

S	6953 Einstellung in PWB	H

S	6940 Sonstige Aufwendungen	H
16.000,00		

S	7510 Zinsaufwendungen	H
28.000,00		

S	7800 Diverse Aufwendungen	H
670.000,00		

S	8020 Gewinn- und Verlustkonto	H

S	8010 Schlussbilanzkonto	H

S	0700 TA und Maschinen	H
680.000,00		

S	0800 Andere Anlagen/BGA	H
280.000,00		

S	1500 Wertpapiere des Anlagevermögens	H
40.000,00		

S	2000 Rohstoffe	H
240.000,00		

S	2200 Fertige Erzeugnisse	H
120.000,00		

S	2400 Forderungen a. LL	H
460.000,00		

S	2600 Vorsteuer	H
131.880,00		

S	2800 Bank	H
424.360,00		

S	2880 Kasse	H
27.000,00		

S	2900 Aktive Rechnungsabgrenzung	H

S	3000 Gezeichnetes Kapital	H
	1.000.000,00	

S	3240 Gewinnrücklagen	H
	150.000,00	

S	3320 Gewinnvortrag	H
	10.000,00	

S	3400 Jahresüberschuss	H

S	3900 Sonstige Rückstellungen	H
	58.000,00	

S	4250 Darlehensschulden	H
	180.000,00	

S	4400 Verbindlichkeiten a. LL	H
	160.000,00	

S	4800 Umsatzsteuer	H
	360.240,00	

S	4890 Sonstige Verbindlichkeiten	H
	38.000,00	

S	5000 Umsatzerlöse für eigene Erzeugnisse	H
	1.896.000,00	

S	5200 Bestandsveränderungen	H

S	5430 Sonstige betriebliche Erträge	H
		40.000,00

S	6951 Abschreibungen auf Forderungen	H

S	7510 Zinsaufwendungen	H
22.000,00		

S	5480 Erträge a. d. Auflösung von Rückstellungen	H

S	7700 Gewerbesteuer	H
60.000,00		

S	5710 Zinserträge	H
		2.000,00

S	7710 Körperschaftsteuer	H
60.000,00		

S	6000 Aufwendungen für Rohstoffe	H
770.000,00		

S	62 – 64 Personalaufwendungen	H
360.000,00		

S	8020 Gewinn- und Verlustkonto	H

S	6520 Abschreibungen auf Sachanlagen	H

S	6700 Mietaufwendungen	H
160.000,00		

S	6770 Rechts- und Beratungskosten	H
15.000,00		

S	8010 Schlussbilanzkonto	H

S	6900 Versicherungsbeiträge	H
20.000,00		

S	6940 Sonstige Aufwendungen	H
24.000,00		

Grundbuch (Journal)

AR (Ausgangsrechnung)   ER (Eingangsrechnung)
BA (Bankauszug)   PE (Privatentnahmebeleg)
KB (Kassenbeleg)   SB (Sonstige Belege)

Datum	Beleg	Buchungstext	Kontierung		Betrag	
			Soll	Haben	Soll	Haben

Datum	Beleg	Buchungstext	Kontierung		Betrag	
			Soll	Haben	Soll	Haben

Hauptbuch

S	0700 TA und Maschinen	H
912.280,00		

S	0800 Andere Anlagen/BGA	H
230.000,00		

S	2000 Rohstoffe	H
85.000,00		

S	2020 Hilfsstoffe	H
12.000,00		

S	2100 Unfertige Erzeugnisse	H
25.000,00		

S	2200 Fertige Erzeugnisse	H
30.000,00		

S	2400 Forderungen a. LL	H
119.000,00		

S	2600 Vorsteuer	H
71.460,00		

S	2640 SV-Vorauszahlung	H

S	2650 Forderungen an Mitarbeiter	H
5.800,00		

S	2800 Bank	H
221.600,00		

S	2880 Kasse	H
18.540,00		

S	2900 Aktive Rechnungsabgrenzung	H

S	3000 Eigenkapital	H
	720.000,00	

S	3001 Privat	H
93.400,00		

S	3900 Sonstige Rückstellungen	H
	45.400,00	

S	4250 Darlehensschulden	H
	283.200,00	

S	4400 Verbindlichkeiten a. LL	H
	160.412,00	

Fortsetzung von Übung 415

S	4800 Umsatzsteuer	H
		259.768,00

S	6020 Aufwendungen für Hilfsstoffe	H
78.000,00		

S	4830 FB-Verbindlichkeiten	H

S	6160 Fremdinstandhaltung	H
16.600,00		

S	4890 Sonstige Verbindlichkeiten	H
		45.600,00

S	6200 Löhne	H
152.000,00		

S	5000 Umsatzerlöse für eigene Erzeugnisse	H
		1.385.000,00

S	6300 Gehälter	H
90.400,00		

S	5001 Erlösberichtigungen	H
22.600,00		

S	6400 Soziale Abgaben	H
44.600,00		

S	5200 Bestandsveränderungen	H

S	6520 Abschreibungen auf Sachanlagen	H

S	6700 Mietaufwendungen	H
260.000,00		

S	5420 Entnahme v. G. u. s. L.	H
		4.800,00

S	6750 Kosten des Geldverkehrs	H
300,00		

S	6000 Aufwendungen für Rohstoffe	H
364.800,00		

S	6800 Büromaterial	H
5.500,00		

S	6820 Portokosten	H
3.400,00		

S	6001 Bezugskosten	H
12.400,00		

S	6830 Kosten der Telekommunikation	H
6.200,00		

S	6002 Nachlässe	H
		8.700,00

S	7510 Zinsaufwendungen	H
32.000,00		

S	8020 Gewinn- und Verlustkonto	H

S	8010 Schlussbilanzkonto	H

Kontokorrentbuch (Personenkonten)

Kundenkonten (Debitoren):

S   10001 Karlsmann AG   **H**

Datum	Nr. der Ausgangsrechnung		Datum	AR-Zahlungsausgleich	
.. -12-10	1 298	14.875,00			
.. -12-16	1 305	833,00			
.. -12-18	1 313	8.092,00			

S   10002 Gruppe OHG   **H**

Datum	Nr. der Ausgangsrechnung		Datum	AR-Zahlungsausgleich	
.. -12-21	1 315	11.900,00			
.. -12-23	1 317	41.650,00			

S   10003 Heinrichs OHG   **H**

Datum	Nr. der Ausgangsrechnung		Datum	AR-Zahlungsausgleich	
.. -12-21	1 316	5.950,00			
.. -12-23	1 318	11.900,00			

S   10004 Hilgendorf KG   **H**

Datum	Nr. der Ausgangsrechnung		Datum	AR-Zahlungsausgleich	
.. -12-12	1 301	2.380,00			
.. -12-21	1 314	11.900,00			

S   10005 Busch OHG   **H**

Datum	Nr. der Ausgangsrechnung		Datum	AR-Zahlungsausgleich	
.. -12-10	1 299	2.142,00			
.. -12-17	1 312	7.378,00			

Lieferantenkonten (Kreditoren):

S			60001 Chromstahl GmbH		H
Datum	ER-Zahlungsausgleich		Datum	Nr. der Eingangsrechnung	
			.. -12-23	4 567	29.750,00

S			60002 Chemische Werke GmbH		H
Datum	ER-Zahlungsausgleich		Datum	Nr. der Eingangsrechnung	
			.. -12-09	5 500	21.420,00
			.. -12-21	5 567	20.230,00

S			60003 Schneider KG		H
Datum	ER-Zahlungsausgleich		Datum	Nr. der Eingangsrechnung	
			.. -12-15	8 765	38.080,00

S			60004 Holzwerke GmbH		H
Datum	ER-Zahlungsausgleich		Datum	Nr. der Eingangsrechnung	
			.. -12-20	7 654	17.850,00
			.. -12-23	7 660	33.082,00

S			60005 Jutta Kolberg e. Kffr.		H
Datum	ER-Zahlungsausgleich		Datum	Nr. der Eingangsrechnung	

Saldenliste der Kundenkonten	
10001 Karlsmann AG	
10002 Gruppe OHG	
10003 Heinrichs OHG	
10004 Hilgendorf KG	
10005 Busch OHG	
Saldensumme	

Saldenliste der Lieferantenkonten	
60001 Chromstahl GmbH	
60002 Chemische Werke GmbH	
60003 Schneider KG	
60004 Holzwerke GmbH	
60005 Jutta Kolberg e. Kffr.	
Saldensumme	

Bilanzbuch
Schlussbilanz zum 31. Dezember ..

Aktiva   Passiva

Ergebnistabelle der Möbelfabrik Schneider OHG

Finanzbuchhaltung (= RK I)			Kosten- und Leistungsrechnung (= RK II)			
Gesamtergebnisrechnung der FB			Abgrenzungsrechnung		Betriebsergebnisrechnung	
Kto.-Nr.	Aufwendungen	Erträge	neutrale Aufwendungen	neutrale Erträge	Kosten	Leistungen

Ergebnistabelle

Finanzbuchhaltung (= RK I)			Kosten- und Leistungsrechnung (= RK II)			
Gesamtergebnisrechnung der FB			Abgrenzungsrechnung		Betriebsergebnisrechnung	
Kto.-Nr.	Aufwendungen	Erträge	neutrale Aufwendungen	neutrale Erträge	Kosten	Leistungen

Fortsetzung von Übungen 445 und 446

Aufg. 445: Abstimmung der Ergebnisse

1. Gesamtergebnis im RK I (Unternehmungsergebnis) _____
2. Neutrales Ergebnis (Abgrenzungsergebnis) _____
3. Betriebsergebnis _____
4. Gesamtergebnis im RK II _____

Aufg. 446: Abstimmung der Ergebnisse

1. Gesamtergebnis im RK I (Unternehmungsergebnis) _____
2. Neutrales Ergebnis (Abgrenzungsergebnis) _____
3. Betriebsergebnis _____
4. Gesamtergebnis im RK II _____

447

Ergebnistabelle

| | Finanzbuchhaltung (= RK I) | | Kosten- und Leistungsrechnung (= RK II) | | | |
| | Gesamtergebnisrechnung der FB | | Abgrenzungsrechnung | | Betriebsergebnisrechnung | |
Kto.-Nr.	Aufwendungen	Erträge	neutrale Aufwendungen	neutrale Erträge	Kosten	Leistungen

Abstimmung der Ergebnisse

1. Gesamtergebnis im RK I (Unternehmungsergebnis) _____
2. Neutrales Ergebnis (Abgrenzungsergebnis) _____
3. Betriebsergebnis _____
4. Gesamtergebnis im RK II _____

Ergebnistabelle Wilhelm KG

	Finanzbuchhaltung (= RK I)		Kosten- und Leistungsrechnung (= RK II)			
	Gesamtergebnisrechnung der FB		Abgrenzungsrechnung		Betriebsergebnisrechnung	
Kto.-Nr.	Aufwendungen	Erträge	neutrale Aufwendungen	neutrale Erträge	Kosten	Leistungen

Abstimmung der Ergebnisse

1. Gesamtergebnis im RK I (Unternehmungsergebnis) _____

2. Neutrales Ergebnis (Abgrenzungsergebnis) _____

3. Betriebsergebnis _____

4. Gesamtergebnis im RK II _____

Ergebnistabelle Heinz Schnell e. K.

	Finanzbuchhaltung (= RK I)		Kosten- und Leistungsrechnung (= RK II)			
	Gesamtergebnisrechnung der FB		Abgrenzungsrechnung		Betriebsergebnisrechnung	
Kto.-Nr.	Aufwendungen	Erträge	neutrale Aufwendungen	neutrale Erträge	Kosten	Leistungen

Abstimmung der Ergebnisse

1. Gesamtergebnis im RK I (Unternehmungsergebnis) _____

2. Neutrales Ergebnis (Abgrenzungsergebnis) _____

3. Betriebsergebnis _____

4. Gesamtergebnis im RK II _____

1. Kalkulatorische Zinsen

		€
–		€
–		€
=	Betriebsnotwendiges Anlagevermögen	€
		€
+		€
+		€
=	Betriebsnotwendiges Umlaufvermögen	€
		€
+		€
=	Abzugskapital	€
=	**Betriebsnotwendiges Kapital**	€

Ermittlung des betriebsnotwendigen Kapitals:

_____ x _____ = _____ €

2. Auswirkungen auf die Ergebnistabelle

Kalkulatorische Zinsen   Zinsaufwand

_____   _____

unter sonst gleichen Bedingungen folgt:

Betriebsergebnis   ___   Unternehmensergebnis

3. Auswirkungen auf die Verkaufspreise des Unternehmens

unter sonst gleichen Bedingungen folgt:

Verkaufspreise   _____

4. Begründung für die Berücksichtigung kalkulatorischer Zinsen

_____

_____

_____

Ergebnistabelle Schneider OHG

	Finanzbuchhaltung (= RK I)		Kosten- und Leistungsrechnung (= RK II)					
	Gesamtergebnisrechnung der FB		Abgrenzungsrechnung				Betriebsergebnisrechnung	
			Unternehmensbezogene Abgrenzungen		Kostenrechnerische Korrekturen			
Kto.-Nr.	Aufwendungen	Erträge	Aufwendungen	Erträge	Aufwendungen	Verrechnete Kosten	Kosten	Leistungen

Abstimmung der Ergebnisse

Gesamtergebnis im RK I (Unternehmungsergebnis) _____

Ergebnis aus unternehmensbez. Abgrenzungen _____

+ Ergebnis aus kostenrechn. Korrekturen _____

Neutrales Ergebnis (Abgrenzungsergebnis) _____

+ Betriebsergebnis _____

Gesamtergebnis im RK II _____

Ergebnistabelle Wilhelm KG

	Finanzbuchhaltung (= RK I)		Kosten- und Leistungsrechnung (= RK II)					
	Gesamtergebnisrechnung der FB		Abgrenzungsrechnung				Betriebsergebnisrechnung	
			Unternehmensbezogene Abgrenzungen		Kostenrechnerische Korrekturen			
Kto.-Nr.	Aufwen-dungen	Erträge	Aufwen-dungen	Erträge	Aufwen-dungen	Verrechnete Kosten	Kosten	Leistungen

Abstimmung der Ergebnisse

Gesamtergebnis im RK I (Unternehmungsergebnis) _____

Ergebnis aus unternehmensbez. Abgrenzungen _____

+ Ergebnis aus kostenrechn. Korrekturen _____

Neutrales Ergebnis (Abgrenzungsergebnis) _____

+ Betriebsergebnis _____

Gesamtergebnis im RK II _____

Ergebnistabelle Heinz Schnell e. K.

	Finanzbuchhaltung (= RK I)		Kosten- und Leistungsrechnung (= RK II)					
	Gesamtergebnisrechnung der FB		Abgrenzungsrechnung				Betriebsergebnisrechnung	
			Unternehmensbezogene Abgrenzungen		Kostenrechnerische Korrekturen			
Kto.-Nr.	Aufwendungen	Erträge	Aufwendungen	Erträge	Aufwendungen	Verrechnete Kosten	Kosten	Leistungen

Abstimmung der Ergebnisse

Gesamtergebnis im RK I (Unternehmungsergebnis) _____

Ergebnis aus unternehmensbez. Abgrenzungen _____

+ Ergebnis aus kostenrechn. Korrekturen _____

Neutrales Ergebnis (Abgrenzungsergebnis) _____

+ Betriebsergebnis _____

Gesamtergebnis im RK II _____

Ergebnistabelle Klaus Barth e. K.

	Finanzbuchhaltung (= RK I)		Kosten- und Leistungsrechnung (= RK II)					
	Gesamtergebnisrechnung der FB		Abgrenzungsrechnung				Betriebsergebnisrechnung	
			Unternehmensbezogene Abgrenzungen		Kostenrechnerische Korrekturen			
Kto.-Nr.	Aufwen-dungen	Erträge	Aufwen-dungen	Erträge	Aufwen-dungen	Verrechnete Kosten	Kosten	Leistungen

Abstimmung der Ergebnisse

Gesamtergebnis im RK I (Unternehmungsergebnis) _____

Ergebnis aus unternehmensbez. Abgrenzungen _____

+ Ergebnis aus kostenrechn. Korrekturen _____

Neutrales Ergebnis (Abgrenzungsergebnis) _____

+ Betriebsergebnis _____

Gesamtergebnis im RK II _____

Ergebnistabelle Walter KG

	Finanzbuchhaltung (= RK I)			Kosten- und Leistungsrechnung (= RK II)					
	Gesamtergebnisrechnung der FB			Abgrenzungsrechnung				Betriebsergebnisrechnung	
				Unternehmensbezogene Abgrenzungen		Kostenrechnerische Korrekturen			
Kto.-Nr.	Aufwen-dungen	Erträge		Aufwen-dungen	Erträge	Aufwen-dungen	Verrechnete Kosten	Kosten	Leistungen

Abstimmung der Ergebnisse

Gesamtergebnis im RK I (Unternehmungsergebnis)   _____

Ergebnis aus unternehmensbez. Abgrenzungen   _____

+ Ergebnis aus kostenrechn. Korrekturen   _____

Neutrales Ergebnis (Abgrenzungsergebnis)   _____

+ Betriebsergebnis   _____

Gesamtergebnis im RK II   _____

Ergebnistabelle

Finanzbuchhaltung (= RK I)			Kosten- und Leistungsrechnung (= RK II)					
Gesamtergebnisrechnung der FB			Abgrenzungsrechnung				Betriebsergebnisrechnung	
			Unternehmensbezogene Abgrenzungen		Kostenrechnerische Korrekturen			
Kto.-Nr.	Aufwen-dungen	Erträge	Aufwen-dungen	Erträge	Aufwen-dungen	Verrechnete Kosten	Kosten	Leistungen

Abstimmung der Ergebnisse

Gesamtergebnis im RK I (Unternehmungsergebnis) _____

Ergebnis aus unternehmensbez. Abgrenzungen _____

+ Ergebnis aus kostenrechn. Korrekturen _____

Neutrales Ergebnis (Abgrenzungsergebnis) _____

+ Betriebsergebnis _____

Gesamtergebnis im RK II _____

1. **Ermittlung der Ist-Zuschlagssätze**

   MGK-Zuschlagssatz

   = _____ = _____ = _____ %

   FGK-Zuschlagssatz

   = _____ = _____ = _____ %

   VwGK-Zuschlagssatz

   = _____ = _____ = _____ %

   VtGK-Zuschlagssatz

   = _____ = _____ = _____ %

1. _____	€
2. _____	€
3. Materialkosten	€
4. _____	€
5. _____	€
6. _____	€
7. Fertigungskosten	€
8. Herstellkosten der Erzeugung	€
9. _____	€
10. _____	€
11. Herstellkosten der fertigen Erzeugnisse	€
12. _____	€
13. _____	€
14. Herstellkosten des Umsatzes	€
15. _____	€
16. _____	€
17. _____	€
18. Selbstkosten des Umsatzes	€

Betriebsabrechnungsbogen mit Ist-Kosten

Kostenarten	Zahlen der BER	I Material- stelle	II Fertigungs- stelle	III Verwaltungs- stelle	IV Vertriebs- stelle
Summe der Gemeinkosten:		Material- gemeinkosten	Fertigungs- gemeinkosten	Verwaltungs- gemeinkosten	Vertriebs- gemeinkosten
Zuschlagsgrundlagen:		Fertigungs- material	Fertigungs- löhne	Herstellkosten des Umsatzes	
Zuschlagssätze:					

Betriebsabrechnungsbogen mit Ist-Kosten

Kostenarten	Zahlen der BER	I Material- stelle	II Fertigungs- stelle	III Verwaltungs- stelle	IV Vertriebs- stelle
Summe der Gemeinkosten:		Material- gemeinkosten	Fertigungs- gemeinkosten	Verwaltungs- gemeinkosten	Vertriebs- gemeinkosten
Zuschlagsgrundlagen:		Fertigungs- material	Fertigungs- löhne	Herstellkosten des Umsatzes	
Zuschlagssätze:					

480

Betriebsabrechnungsbogen

Kostenarten	Zahlen der BER	Material	Fertigung I	Fertigung II	Verwaltung	Vertrieb
Ist-Gemeinkosten						
Zuschlagsgrundlagen						
Zuschlagssätze (Ist)						

482

BAB

Gemein-kostenart	Kostenstellen								
	I	II	III	IV	V	VI	VII	VIII	IX
Zuschlagsgrundlagen									
Zuschlagssätze (Ist)									

BAB

Kostenart	Kostenstellen									
	I	II	III	IV	V	VI	VII	VIII	IX	X
Zuschlagsgrundlagen										
Zuschlagssätze (Ist)										

BAB

Gemein-kostenart	Kostenstellen							
	I	II	III	IV	V	VI	VII	VIII
Zuschlagsgrundlagen								
Zuschlagssätze (Ist)								

Betriebsabrechnungsbogen

Konto Nr.	Kostenarten	Zahlen der BER	Material	Fertigung	Verwaltung	Vertrieb	Gesamt
	Ist-Gemeinkosten						
	Zuschlagsgrundlagen						
	Ist-Sätze						
	Normal-Sätze						
	Zuschlagsgrundlagen						
	Normal-Gemeinkosten						
	Über-/Unterdeckung						

Kostenträgerblatt

		Kalkulationsschema	Verrechnete Normalkosten
1 – 15 Kostenträger-Zeitrechnung	1.		
	2.		
	3.		
	4.		
	5.		
	6.		
	7.		
	8.		
	9.		
	10.		
	11.		
	12.		
	13.		
	14.		
	15.		
16 – 20 Ergebnisrechnung	16.		
	17.		
	18.		
	19.		
	20.		

BAB	I Material	II Fertigung	III Verwaltung	IV Vertrieb	Gesamt
Ist-Gemeinkosten					
Zuschlagsgrundlagen					
Ist-Sätze					
Normalsätze					
Zuschlagsgrundlagen					
Normal-Gemeinkosten					
Über-/Unterdeckung					

Kostenträgerblatt

		Kalkulationsschema	Verrechnete Normalkosten
1 – 12 Kostenträger-Zeitrechnung	1.		
	2.		
	3.		
	4.		
	5.		
	6.		
	7.		
	8.		
	9.		
	10.		
	11.		
	12.		
13 – 17 Ergebnisrechnung	13.		
	14.		
	15.		
	16.		
	17.		

BAB	I Material	II Fertigung	III Verwaltung	IV Vertrieb	Gesamt
Ist-Gemeinkosten					
Zuschlagsgrundlagen					
Ist-Sätze					
Normalsätze					
Zuschlagsgrundlagen					
Normal-Gemeinkosten					
Über-/Unterdeckung					

Kostenträgerblatt

Kalkulationsschema		Verrechnete Normalkosten		
		Insgesamt	Erzeugnis A	Erzeugnis B
1 – 11 Kostenträger-Zeitrechnung	1.			
	2.			
	3.			
	4.			
	5.			
	6.			
	7.			
	8.			
	9.			
	10.			
	11.			
12 – 16 Ergebnisrechnung	12.			
	13.			
	14.			
	15.			
	16.			

494

BAB	I Material	II Fertigung	III Verwaltung	IV Vertrieb	Gesamt
Ist-Gemeinkosten					
Zuschlagsgrundlagen					
Ist-Sätze					
Verrechnete Normal-Gemeinkosten					
Über-/Unterdeckung					

Kostenträgerblatt

Kalkulationsschema		Verrechnete Normalkosten			
		Insgesamt	Erzeugnis A	Erzeugnis B	Erzeugnis C
1 – 12 Kostenträger-Zeitrechnung	1.				
	2.				
	3.				
	4.				
	5.				
	6.				
	7.				
	8.				
	9.				
	10.				
	11.				
	12.				
13 – 17 Ergebnisrechnung	13.				
	14.				
	15.				
	16.				
	17.				

Ergebnistabelle Körner KG

	Finanzbuchhaltung (= RK I)		Kosten- und Leistungsrechnung (= RK II)					
	Gesamtergebnisrechnung der FB		Abgrenzungsrechnung				Betriebsergebnisrechnung	
			Unternehmensbezogene Abgrenzungen		Kostenrechnerische Korrekturen			
Kto.-Nr.	Aufwen-dungen	Erträge	Aufwen-dungen	Erträge	Aufwen-dungen	Verrechnete Kosten	Kosten	Leistungen

Abstimmung der Ergebnisse

Gesamtergebnis im RK I (Unternehmungsergebnis) _____

Ergebnis aus unternehmensbez. Abgrenzungen _____

+ Ergebnis aus kostenrechn. Korrekturen _____

Neutrales Ergebnis (Abgrenzungsergebnis) _____

+ Betriebsergebnis _____

Gesamtergebnis im RK II _____

Betriebsabrechnungsbogen

Kostenarten	Zahlen der BER	I Material	II FHS A	III FHS B	IV Verwaltung	V Vertrieb	Gesamt
Ist-Gemeinkosten							
Zuschlagsgrundlagen							
Ist-Sätze							
Normal-Sätze							
Zuschlagsgrundlagen							
Normal-Gemeinkosten							
Über-/Unterdeckung							

Kostenträgerblatt

		Kalkulationsschema	Verrechnete Normalkosten		
			Insgesamt	Erzeugnis X	Erzeugnis Y
1 – 16 Kostenträger-Zeitrechnung	1.				
	2.				
	3.				
	4.				
	5.				
	6.				
	7.				
	8.				
	9.				
	10.				
	11.				
	12.				
	13.				
	14.				
	15.				
	16.				
17 – 21 Ergebnisrechnung	17.				
	18.				
	19.				
	20.				
	21.				

Erstellung der Vorkalkulation

	€
	€
= Materialkosten	€

	€
	€
= Fertigungskosten	€

= Herstellkosten	€
	€
	€
	€
= Selbstkosten	€
	€
	€
	€
	€
	€
	€
	€
= (Netto-)Listenverkaufspreis (LVP)	€

508

Betriebsabrechnungsbogen mit Ist-Kosten

| Kostenarten | Zahlen der BER | Material | Abrichtanlage | | | Übrige Fertigungs-stellen | Verwaltung | Vertrieb |
			Masch.-abh. fix	Fert.-Kosten variabel	Restgemein-kosten			
Zuschlagsgrundlagen								
Zuschlagssätze								

511

Betriebsabrechnungsbogen mit Ist-Kosten

| Kosten-arten | Zahlen der BER | Material | Webautomat | | | Färberei | Veredlung | Verwaltung | Vertrieb |
			Masch.-Gemeinkosten fix	variabel	Restgemein-kosten				
Zuschlagsgrundlagen									
Zuschlagssätze									

587

Teilprozesse	Teilprozess-kosten	Maßgrößen	Teilprozess-mengen	Teilprozess-kostensatz	Umlage-satz	Gesamter Teilprozess-kostensatz

588

Hauptprozess:_____

Teilprozesse	Teilprozesskostensätze je Kundenauftrag	Teilprozesskostensätze je 1 000 Erzeugniseinheiten	Teilprozesskostensätze je 2 000 Erzeugniseinheiten

Kalkulation Gehäuse G II				
Kalkulationsschema	1000 Gehäuse		2000 Gehäuse	
Fertigungsmaterial + ———— % MGK				
Materialkosten				
Fertigungslöhne FHS I + ———— % FGK				
Fertigungskosten FHS I				
Fertigungslöhne FHS II + ———— % FGK				
Fertigungskosten FHS II				
Fertigungslöhne FHS III + ———— % FGK				
Fertigungskosten FHS III				
Fertigungslöhne FHS IV + ———— % FGK				
Fertigungskosten FHS IV				
+ Hauptprozesskostensatz je Kundenauftrag bei 1000 Gehäusen **+ Hauptprozesskostensatz** je Kundenauftrag bei 2000 Gehäusen				
Selbstkosten insgesamt				
Selbstkosten je Gehäuse				

Ergebnistabelle der Möbelfabrik Schneider OHG

Finanzbuchhaltung (= RK I)			Kosten- und Leistungsrechnung (= RK II)					
Gesamtergebnisrechnung der FB			Abgrenzungsrechnung				Betriebsergebnisrechnung	
			Unternehmensbezogene Abgrenzungen		Kostenrechnerische Korrekturen			
Kto.-Nr.	Aufwendungen	Erträge	Aufwendungen	Erträge	Aufwendungen	Verrechnete Kosten	Kosten	Leistungen
	·							
							·	

Abstimmung der Ergebnisse

Gesamtergebnis im RK I (Unternehmungsergebnis) _____

Ergebnis aus unternehmensbez. Abgrenzungen _____

+ Ergebnis aus kostenrechn. Korrekturen _____

Neutrales Ergebnis (Abgrenzungsergebnis) _____

+ Betriebsergebnis _____

Gesamtergebnis im RK II _____

BAB der Möbelfabrik Schneider OHG

Kostenarten	Zahlen der BER	Verteilung	Allgemeine Kostenstelle Fuhrpark	Materialstelle	F.-Hilfsstelle AV/K.-Planung	FHS I Zurichten/ Sägen	FHS II Bohren/ Fräsen	FHS III Montieren/ Lackieren	Verw.-Stelle	Vertr.-Stelle
Stellengemeinkosten										
Zuschlagsgrundlagen (Ist)										
Zuschlagssätze (Ist)										
Zuschlagsgrundlagen (Normal)										
Zuschlagssätze (Normal)										
Kostenüberdeckungen										
Kostenunterdeckungen										

589.3

Kostenträgerblatt der Möbelfabrik Schneider OHG

Kalkulationsschema		Verrechnete Normalkosten			
		Insgesamt	„Standard"	„Jugend"	„Luxus"
1 – 17 Kostenträger-Zeitrechnung	1.				
	2.				
	3.				
	4.				
	5.				
	6.				
	7.				
	8.				
	9.				
	10.				
	11.				
	12.				
	13.				
	14.				
	15.				
	16.				
	17.				
18 – 22 Ergebnisrechnung	18.				
	19.				
	20.				
	21.				
	22.				

589.4

Stückkalkulation der Möbelfabrik Schneider OHG

Kalkulationsschema	Verrechnete Normalkosten		
	„Standard"	„Jugend"	„Luxus"
1.			
2.			
3.			
4.			
5.			
6.			
7.			
8.			
9.			
10.			
11.			
12.			
13.			
14.			
15.			
16.			
17.			
18.			